Guardaparques

STEAMBOAT
GEYSER

Rachael Dupree

Los guardianes del parque

Haz una caminata por un parque nacional. ¡Quizá veas a un guardaparques!

Salta a la ficción

Ya se ha puesto el sol.
Los leños arden en la fogata.
Es hora de contar un cuento.

La guardaparques
Sally cuenta un cuento.
Las estrellas titilan.
El fuego brilla.
¡Es un buen cuento!

Vuelve al texto de no ficción

De aquí para allá

Sigue al guardaparques por los distintos parques.
¿Qué ves?

Monte Rainier

Yellowstone

Monte Rushmore

Redwood

Grandes Dunas de Arena

Gran Cañón

Cavernas de Carlsbad

Mamut de Wa

El más antiguo

El parque nacional de Yellowstone fue el primer parque nacional.
Se creó en 1872.

Hay árboles altos y grandes montañas.
Hay cañones profundos y animales
silvestres.

Cueva
Colosal

Acadia

Congaree

Grandes
Montañas Humeantes

Everglades

Este mapa muestra
algunos parques
nacionales.

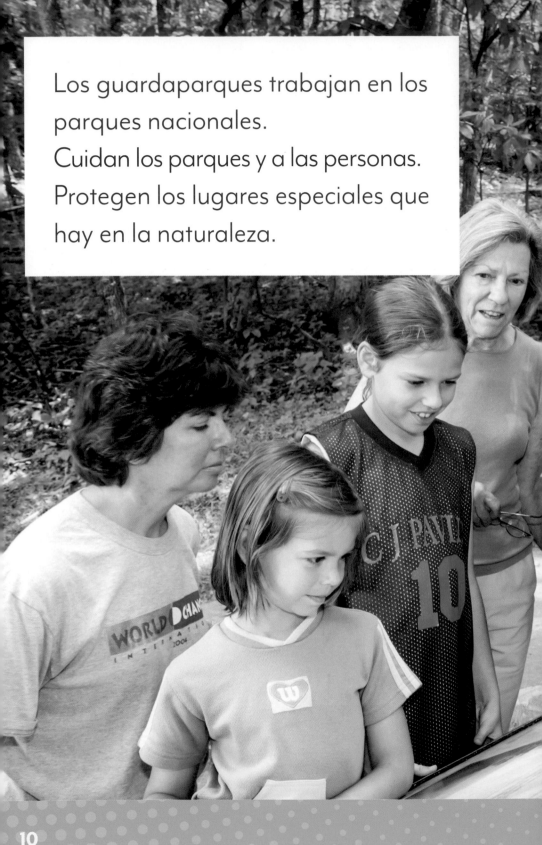

Los guardaparques trabajan en los parques nacionales.
Cuidan los parques y a las personas.
Protegen los lugares especiales que hay en la naturaleza.

Piensa y habla

¿Qué puedes aprender sobre los guardaparques mirando esta foto?

Es fácil encontrar a los guardaparques. ¡Solo hay que buscar los uniformes y las insignias!

Usarla con honor

La insignia de los guardaparques ha cambiado con el tiempo. Ahora muestra a un bisonte en un parque nacional.

Cuidar siempre

Los guardaparques aman la naturaleza.
¡Y quieren que otros la amen!
También quieren que todos estén seguros
y sigan las reglas.

Piensa y habla

¿En qué se parecen los guardaparques y los maestros?

Los guardaparques muestran cuáles son los mejores lugares para visitar. Si alguien se pierde o se lastima, los guardaparques lo ayudarán.

Guardaparques que ladran

Algunos perros trabajan en parques nacionales.
Estos guardaparques caninos ayudan a cuidar a las personas.

Las personas pueden hacerles preguntas a los guardaparques.
Ellos saben mucho sobre sus parques.

¿Te animas?

¡Puedes practicar cómo ser guardaparques!
Ve afuera.
Estudia las rocas, la tierra, los árboles y los insectos.

Jóvenes guardaparques

Puedes anotarte en el programa de
jóvenes guardaparques.
Aprenderás más sobre los parques.
¡Y hasta puedes ganarte tu propia insignia!

Comparte con un amigo lo que aprendiste.
Enséñale lo que sabes.
¡Ya eres como un guardaparques!

NGER-LED PROGR

MEE   ERE:

WARNING

BEAR

FREQUENTING AREA

Removal of this sign may result in INJURY to others and is punishable by law.

THERE IS NO GUARANTEE OF YOUR SAFETY WHILE HIKING OR CAMPING IN BEAR COUNTRY.

4:00

JUNIOR PARK RANGER

Yellowstone National Park

Civismo en acción

Una de las tareas que realizan los guardaparques es enseñar sobre la naturaleza. ¡Son expertos en eso! Tú también puedes ser un experto.

1. Escoge algo de la naturaleza que te guste mucho. Puede ser una planta o un árbol. Puede ser una montaña o un río que quede cerca de tu hogar.

2. Busca a un adulto que conozcas y pídele que te ayude a aprender sobre lo que escogiste. Busca en línea. Lee libros sobre el tema.

3. Dibújalo o píntalo.

4. Invita a tu familia a tu charla de guardaparques. Muestra tu dibujo. Cuenta lo que aprendiste.